DE LA RÉPUBLIQUE

DE

DROIT RATIONNEL

PAR

P. ITASSE.

Prix : 50 centimes.

SEDAN
EDMOND SARRASIN
LIBRAIRE-ÉDITEUR
1872

DE LA
RÉPUBLIQUE

DE

DROIT RATIONNEL

PAR

P. ITASSE.

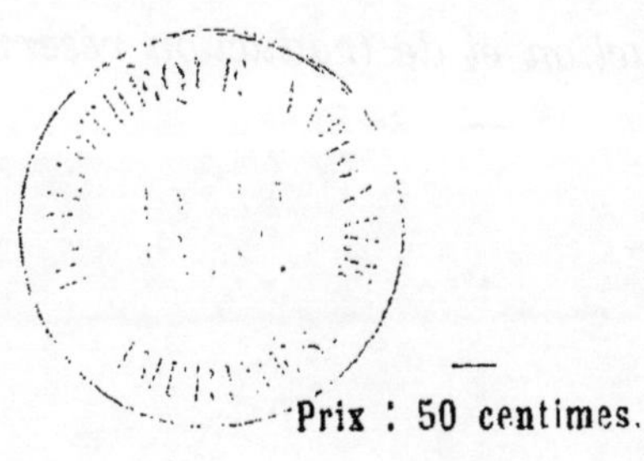

Prix : 50 centimes.

SEDAN
EDMOND SARRASIN
LIBRAIRE-ÉDITEUR
1872

I.

Ils reviennent. Ils sont revenus. Il y a deux mois à peine, vingt ans de honte et d'oppressions nous paraissaient un songe. Le mal qu'ils avaient fait, le bien qu'ils avaient empêché ne suffisaient pas pour que notre mémoire rappelât leur souvenir. Ils étaient bien morts. Nous cherchions quelques fois qui oserait écrire leur histoire et voilà que nous apprenons que cette histoire n'est pas terminée.

Chaque jour, ils reparaissent plus menaçants, plus bruyants que jamais; et nous, qui ne voulions pas croire à leur résurrection, aujourd'hui nous en avons peur.

Pour tromper le peuple, la bourgeoisie, la nation entière. ils ont trouvé un nouveau déguisement. Ils ont dépouillé la redingote grise, qui décidément n'était pas à leur taille, et maintenant ils nous reviennent enveloppés dans un drapeau sur lequel ils ont écrit : *Suffrage universel*, comme s'ils avaient jamais su ce que c'était.

Tandis que, par tous les moyens possibles, ils font entrer Rouher à la Chambre, ils envoient à Paris M. Clément Duvernois, avec mission de nous faire un cours de suffrage universel appliqué; et voici que derrière lui tous les minuscules du parti s'amusent à répéter, sur l'air des lampions : *Plébiscite! Plébiscite!*

Qui donc espèrent-ils tromper?

Hélas! les clameurs qu'ils poussent aujourd'hui ne nous rappellent que trop celles qu'ils faisaient entendre en juillet 1870, alors que, sur le boulevard des Italiens, ils se promenaient en hurlant : *A Berlin! A Berlin!* Ils se vantaient d'être les mameluks de l'Empire; ils étaient fiers d'un plébiscite obtenu à la force du poignet. Ne voient-ils pas aujourd'hui où nous ont menés ces cris forcenés?

Pourquoi donc ne se taisaient-ils pas?

—

Il vous a plu de revenir, de remonter sur la scène dont l'indignation populaire vous avait honteusement chassés. Une fois encore, vous voulez déployer votre drapeau devant la foule étonnée de tant d'audace? Puisqu'il en est ainsi, nous aussi déployons le nôtre; qu'une fois pour toutes on sache dans le pays si les peuples se laissent prendre avec des gluaux et si l'art de gouverner consiste dans la connaissance des mots sonores.

Jusqu'ici il y a eu dans la presse, comme à la tribune, trop d'équivoque. Nous n'en voulons plus. Que les partis monarchistes, qui déchirent la France, s'amusent à ergoter avec vous sur leurs prétentions, sur les chances d'une restauration légitimiste, bonapartiste ou orléaniste; qu'ils comptent avec grand fracas leurs amis et disent : « Nous sommes tant, donc à nous la couronne; » libre à eux. Pour nous, républicains, ce rôle nous déplaît, et, sans nous perdre dans des finesses qui ne servent le plus souvent qu'à fortifier l'adversaire, nous aimons mieux vous dire nettement et hautement comment nous comprenons la République et comment nous la voulons.

Dissimuler notre pensée, serait indigne de la République que nous servons, et vous avez le droit de la connaître toute entière.

La voici :

Vous demandez un plébiscite? Nous n'en voulons pas.

Vous jurez d'obéir au suffrage universel; nous jurons, nous, de lui désobéir.

Le régime impérial que vous avez servi quand il vous donnait places et faveurs, pouvoirs et richesses, vous l'abandonnerez, dites-vous, si le pays, rendant un arrêt suprême, vous relève de vos serments.

Eh bien nous, au contraire, nous tiendrons ces arrêts pour nuls, nous les déchirerons, comme en 1852 vous avez déchiré la traite que la République avait tiré sur votre bonne foi et nous proclamons ici que notre République n'est pas à la merci d'un vote populaire; qu'elle est parce qu'elle est, et qu'il n'appartient pas plus à la souveraineté nationale qu'à un homme de l'escamoter.

Pendant dix siècles, la France monarchique a cru que ses rois tenaient leurs pouvoirs du Dieu des armées, que ses chefs étaient les élus de la divinité et que tous leur devaient obéissance et respect parce qu'ils portaient en eux-mêmes une puissance qu'il n'appartenait à personne de discuter.

A notre tour, après un siècle de lutte, de révoltes, de grandeurs et de hontes, nous qui n'avons plus foi dons la monarchie de droit divin, nous croyons qu'un principe nouveau éclaire le monde qui réclame un empire absolu sur tous les esprits. Nous pensons que la république est une conséquence logique de l'état actuel des esprits, qu'elle est nécessaire, corélative des progrès de la raison humaine, par conséquent imprescriptible. Nous pensons que tous doivent s'y soumettre, qu'elle est indépendante du caprice des foules, comme le sont la raison et le bon sens. Et si elle n'est pas de droit divin, nous affirmons qu'elle est du moins de droit rationnel.

Nous croyons à la République absolue, supérieure au suffrage universel comme la science, à la République de droit rationnel.

Sur quoi se base notre théorie? Nous allons vous le dire.

II.

Il y aura tantôt quatre-vingts ans, une révolution aussi formidable que terrible, suite naturelle des travaux philosophiques du dix-huitième siècle, est venue tout-à-coup briser la chaîne des traditions qui rattachaient la France à son passé!

Son action, qui fut aussi furieuse que puissante, nous a précipités dans un monde nouveau, et, comme des naufragés, nous errons aujourd'hui sur une rive inconnue, sans ressources pour le lendemain, sans une tente pour reposer notre tête, sans une boussole pour diriger nos pas. Admirable machine de guerre, cette grande révolte, qui, pour les uns, s'appelle 89 et pour les autres 93, a, sans contredit, ébranlé le monde. Elle l'a fait trembler sur sa base, mais en même temps elle a jeté la nation française dans un cahos dont elle ne sortira qu'à force de courage, de patience et surtout de logique.

Violente dans son explosion, la révolution française l'est et le sera encore plus dans ses conséquences.

Elle a beaucoup détruit, renversé bien des choses, mais elle n'a pas su édifier, et le Palais qui devait abriter les générations nouvelles est encore à construire. Rien ne lui sembla digne d'être conservé, et les principes mêmes qui servaient de fondement à la société, furent emportés dans ce grand nauffrage politique. Et lorsque le 10 août, elle condamnait le roi, ce n'était pas Louis XVI, mais la royauté qu'elle abattait; c'était le principe d'autorité, l'idée d'un pouvoir divin dont le roi était l'image qu'elle voulait tuer.

C'était une barrière qu'elle élevait entre elle et le passé!

Ainsi la royauté qui avait été le berceau de la France, qui pendant dix siècles avait été sa protection, son mentor, qui l'avait soutenue dans les moments de défaillance, élevée si haut dans les jours de gloire, qui était son honneur et sa force, devait à jamais disparaître.

Ce trône autour duquel tant de vaillantes maisons, l'honneur de notre pays, étaient venues se ranger, qui avait été le premier appui du droit populaire et, en Europe, une des colonnes de la civilisation et du progrès, devait être brisé et les morceaux en être jetés au vent.

Cette belle idée d'un pouvoir indiscutable, parcequ'il était une émanation du pouvoir divin lui-même, cette autorité dont le joug n'avait rien d'humiliant parceque la foi adoucissait ce qu'elle pouvait avoir de trop absolue, était condamnée. Elle disparaissait, elle mourait tout-à-coup entraînant avec elle des institutions vieilles de plusieurs siècles.

Et que mettait la révolution à la place de tout cela?

Rien.

C'est à nous, révolutionnaires, d'avoir le courage de le dire.

Certes, la révolution nous a puissamment aidés. Elle a facilité notre tâche, puisqu'elle a déblayé le terrain, mais elle nous a laissé tout à refaire. Elle fut l'entrepreneur qui enlève les matériaux de la vieille maison, mais elle ne fut pas l'architecte qui rebâtit la maison.

Je sais que cet aveu ne peut manquer de choquer toute l'église révolutionnaire, mais, est-ce ma faute, si cherchant ce que le mouvement de 1789 a pu fonder, je ne rencontre que le 18 brumaire, l'empire, la restauration, 1830, 1848, le 2 décembre, le 4 septembre; peut-être mêmeallons-nous recommencer une série. N'est-ce donc pas là avoir travaillé dans le vide, et si tous ces gouvernements sont le fruit de l'explosion populaire, qui a marqué la fin du dernier siècle, il est évident qu'elle n'a réussi qu'à livrer les esprits au désordre; dire le contraire serait mentir. *Destruam sed nen ædificado* aurait pu écrire nos pères sur la première page de leur révolution.

Et cependant, pour vivre, une société a besoin d'ordre. Je n'entends point ici l'ordre matériel qui régnait autrefois à Varsovie, et qui règne encore à cette heure dans Paris. J'entends l'ordre dans les esprits, et celui-là nous ne le connaissons plus. Pourquoi? parce que pour vivre dans le calme et la sagesse, les nations ont besoin, avant tout, d'avoir une foi qui les guide. Il faut qu'elles reconnaissent des principes supérieurs aux hommes et aux événements; qu'elles leur subordonnent la direction suprême de leur conduite, sans quoi elles ne tarderont pas, quelle que soit l'habileté des politiques, à s'égarer et, tombant d'erreur en erreur, à verser tantôt à droite, tantôt à gauche. Il faut que la société, reposant sur un principe solide, voit ses moindres parties, le dernier de ses rouages, rattachés les uns aux autres par une institution puissante qui soit comme l'émanation, la consécration de ce principe.

La France a connu autrefois cet état de choses, et c'est ce qui a fait sa force et sa grandeur. Attachée à ses rois par la nécessité, elle pouvait impunément se jeter dans tous les hasards qui entraînent les peuples; elle avait un principe qui lui permettait, au milieu des plus grands troubles, de retrouver avec la foi qui sauve et le respect qui assure l'ordre, une institution qui l'aidait à se relever dans ses défaillances.

La nation française, née du mélange des Teutons et des Gallo-Romains, s'était développée à travers les âges en même temps que l'idée royale.

Il pouvait y avoir des violences de palais, des émeutes de la rue, au fond, le principe qui servait de base à la société n'était jamais discuté. Le peuple français savait où il allait, ce qu'il faisait, parce qu'il était dominé par une idée forte, tutélaire, à laquelle hommes et choses se rattachaient.

La société était encore dans l'âge théologique; aussi elle croyait, elle se soumettait à celui qui, sur la terre, était le représentant de la divinité.

L'ordre régnait dans les esprits plus encore que dans le royaume.

En est-il de même aujourd'hui?

Hélas! qui oserait l'affirmer?

Sans doute, en 1789, la royauté avait terminé sa mission et l'humanité entrant dans une nouvelle phase philosophique, d'autres principes, d'autres idées, d'autres institutions, devaient succéder à ceux que la tourmente révolutionnaire venait d'emporter.

Mais quelles sont ces institutions? quels sont ces principes? où sont-ils? je ne les vois pas.

De là tant de ruines, tant de désordres, tant de souffrances et, disons-le, tant de hontes.

III.

Il faut cependant, si la société française ne veut pas se voir condamnée à languir longtemps encore, que cet état de désordre dans lequel elle vit depuis quatre-vingts ans, cesse enfin. Il faut, sous peine de mort peut-être, que nous rentrions dans l'ordre. Il faut que les esprits indécis, troublés, affolés de changements, reprennent possession d'eux-mêmes, et que la nation se reconnaisse; qu'à la base, il y ait une croyance, un principe, si non universellement, au moins généralement accepté, sur lequel nous puissions bâtir, non pas une de ces constitutions dont la durée a rarement excédé cinq ans, mais une vie nouvelle et durable.

Il faut, puisqu'il nous a plu de rompre avec le passé, que nous reconstruisions l'état social dans lequel nous sommes destinés à vivre.

Cette nécessité de donner à la société une base nouvelle que les événements fortuits, les passions humaines, les folies des politiques ne puissent plus ébranler, est enfin reconnue par tous les Français qui ne désespèrent pas de leur pays. Mais quels sont les éléments à l'aide desquels nous pourrons reconstruire le corps social, lui rendre la santé et même la vie? Quelle sera la base sur laquelle doit s'appuyer la société future?

Faut-il croire avec M. Clément Duvernois que nous ne pouvons édifier quelque chose de durable que sur le terrain si mouvant du plébiscite? La souveraineté nationale, que les meilleurs esprits considèrent comme le dogme régénérateur du XIXe siècle, ne doit-elle trouver sa manifestation la plus éclatante que dans un plébiscite? En un mot, l'appel au peuple doit-il être la clef de voûte des institutions modernes, et les champs de mai des premiers Mérovingiens vont-ils retrouver un nouvel éclat?

Non vraiment, le plébiscite, l'appel au peuple peut-être, pour le parti qui saura en profiter, un moyen certain de régner; mais qui oserait affirmer qu'il nous guérisse jamais du mal qui nous tourmente : l'inconstance? Qui peut dire qu'il aura la vertu de nous donner ce dont nous avons si grand besoin : la stabilité?

Que les Bonapartistes exploitent ce remède aussi dangereux qu'il est trompeur, cela est naturel. Pour nous, il nous suffit de penser que la logique et le bon sens le condamne. Jamais un expédient ne saurait tenir lieu de principe, et ce n'est pas avec de semblables instruments qu'on travaille pour l'avenir.

Quelle étrange contradiction! Le pays tout entier demande que les discussions, qui, depuis quatre-vingts ans, ne cessent de l'agiter, aient une fin, et des politiques, prétendus habiles, n'ont rien de mieux à nous offrir qu'un instrument de troubles et de désordres!

Nous demandons que l'ordre soit enfin assuré, non plus par la seule force du sabre, mais par la puissance d'une idée claire, lumineuse, incontestée et incontestable, capable de guider la nature dans les jours de transition, comme ceux qui appartiennent au XIXe siècle, et tout ensemble de lui garantir la stabilité de ses institutions. C'est là un vœu, une exigence bien légitime, et c'est sans doute pour y satisfaire que le parti Bonapartiste veut que, dorénavant, le sort de l'État soit abandonné à la faveur populaire, c'est-à-dire à l'inconstance, à l'anarchie, à l'illogisme.

Est-ce donc sérieusement que vous sollicitez les Bourbons à concourir avec vous pour la couronne de France comme pour le prix Montyon?

Eh, quoi! M. le comte de Chambord deviendrait tout à coup un coureur de scrutin!

Quoi, lui qui représente cette royauté dont je viens de rappeler quel a été le rôle pendant des siècles, lui, le dernier d'une race qui, à travers tant de générations, a soutenu la France de sa main puissante, va descendre dans l'arène et, sans pudeur, montera sur le même tréteau que Napoléon III. et il dira à la France : Choisissez? Non, si jamais il faisait cela, il lui faudrait, avant de rentrer dans le château de Versailles, faire voiler la statue du grand roi.

Vous imaginez-vous le prince qui se vante d'être sur terre l'autorité et le droit, qui réclame de la France foi et respect, qui n'a de popularité parmi ses partisans que parce qu'il signifie pour eux, non pas un homme, mais un principe, non pas le salut en 1871, mais la pierre angulaire sur laquelle la nation s'est appuyée pour élever peu à peu le grand édifice français, vous l'imaginez-vous mendiant un suffrage à la faveur populaire?

Mais que deviendrait la légitimité? Que resterait-il du droit divin?

Ce qui, à tort ou a raison, s'appelle droit, ne saurait être discuté, et celui qui signe Henri V ne peut accepter un plébiscite, car ce serait abdiquer le pouvoir qu'il croit ne tenir que de Dieu. Si nous ne savions que, depuis longtemps, la bonne foi ne vit pas en parfaite intelligence avec les hommes du parti, en voyant M. Clément Duvernois solliciter la maison Bourbon et la République à accepter un plébiscite, nous crierons à la folie ou à la trahison.

Ou nous nous trompons étrangement, ou nous devons croire fermement qu'un légitimiste est traître envers son cœur et sa raison, s'il admet l'appel au peuple. Le roi règne parcequ'il règne. Il peut faire des concessions, mais il ne traite pas avec son peuple, et si pour monter sur le trône il abandonnait sa foi, ce ne serait plus qu'un vulgaire ambitieux, un prétendant.

Le chef de l'illustre maison de France l'a compris et c'est

fièrement, nous le pensons du moins, qu'il veut rentrer en France son drapeau tout grand déployé, parceque son drapeau est une religion. C'est le passé.

Vous, au contraire, vous croyez que le princide de la souveraineté nationale, nouvellement accepté par le pays, ne peut trouver son application, son expression la plus parfaite, si je puis ainsi parler, que dans le plébiscite. Vous croyez que vous êtes les représentants sincères et reconnus de la démocratie, parce que vous savez vous jouer du suffrage universel comme d'autres, avant vous, ont su étayer leur gloire sur les douleurs du peuple.

Mais si, véritablement, en nous imposant le dogme plébiscitaire, c'est un principe que vous voulez opposer à un principe, le futur au passé, pourquoi avez-vous jusqu'ici affecté de confondre les princes d'Orléans avec Henri V? Sont-ils donc responsables du passé? Leur tige ne s'est-elle pas au contraire brusquement séparée du trône? Croyez-vous que la France ne leur tienne pas compte de dix-huit ans de tranquillité, d'ordre et de paix qu'ils lui ont donnés, vous si fiers des dix-huit années du règne de Napoléon?

De tout ceci, pas un mot. Vous vous taisez. La figure si sympatique de ses princes vraiment français arrête votre logique et vous force à reculer. C'est, qu'en effet, ce n'est pas sur un principe, mais sur la sottise du peuple que vous voulez édifier votre restauration. Tout en inscrivant sur votre enseigne : *Appel au peuple,* vous vous méfiez tellement de cette souveraineté nationale, que vous n'osez appeler tous ceux qui sont prétendants à concourir avec vous. Vous prenez des faux fuyants. Vous dissimulez les personnes derrière les dynasties.

Ainsi, tout en reconnaissant avec nous qu'il faut absolument que les principes reprennent l'empire qu'ils avaient autrefois et que les hommes ont usurpé, vous n'avez à nous offrir qu'un expédient trompeur.

Vainement vous cherchez à nous faire confondre régime impérial et souveraineté nationale, ordre et plébiscite, ce ne sont là que des mots auxquels nous ne nous laisserons pas prendre. Le droit héréditaire, dites-vous, que représente la maison de Bourbon, ne s'impose plus au peuple français avec assez d'autorité pour fonder quelque chose sur lui. Le peuple se rit aujourd'hui du droit que peut avoir à régner telle ou telle dynastie.

Il n'a plus foi dans la royauté de ses pères. Henri V n'est plus pour lui que le passé et ce même peuple qui, en 1792, a fait bon marché d'une tradition de dix siècles, ne la renouera plus aujourd'hui. Il lui faut quelque chose de nouveau, de moderne, de conforme à ses mœurs et au progrès de l'esprit humain. D'accord, mais si la révolution a définitivement tué la vieille société, la démocratie qui lui succède ne doit-elle pas s'incarner, pour ainsi dire, dans une institution durable, qui lui permette de se développer à l'aise, et non dans le jeu ridicule des passions populaires?

Pour assurer la vitalité d'un pays, il faut, avant toutes choses, le rattacher à un principe qu'il soit toujours certain de retrouver dans ses plus grandes défaillances. L'expérience des quatre-vingts dernières années nous a suffisamment prouvé où peut mener l'absence de toutes croyances nationales. Mais il faut encore que ce principe, dont nous voulons faire les assises de la société future, représente l'avenir et non le passé, le progrès et non la réaction. Il faut, maintenant que le passé est bien mort, découvrir un principe nouveau, et ce principe c'est le droit populaire, la souveraineté nationale. Tous le reconnaissent : la démocratie doit succéder en France à l'aristocratie et au droit monarchique.

Mais est-ce que l'Empire, alors même qu'il reposerait sur un plébiscite, peut être la conséquence de ces idées nouvelles?

Nous ne le croyons pas.

A ces idées encore bien jeunes de démocratie, de volonté nationale, il n'y a qu'un vêtement qui puisse aller : c'est la robe républicaine. Il n'y a qu'une institution qui puisse véritablement succéder à l'institution monarchique : c'est la République. La royauté de droit divin morte et enterrée, c'est le principe républicain qui seul peut recueillir sa succession. Quant au plébiscite, ce n'est qu'une étiquette qui peut recouvrir toutes les marchandises que l'on voudra, mais qui ne convient pas plus à la république qu'à la légitimité. C'est un leurre, car aucun pouvoir, quelle que soit son honnêteté, ne saura le pratiquer loyalement. L'Empire, qui ne reculait guère devant les moyens, s'en est servi et il nous a fait assister à deux ou trois assez jolies comédies. Tous se rappellent encore avec quelles habiletés cousues de fil blanc, avec quelle délicatesse vous extorquiez au pays un satisfecit qu'il ne pouvait vous refuser; avec quel art vous le mettiez en demeure de reconnaître la légitimité de vos coups d'état, sans jamais lui permettre de choisir entre vous et vos rivaux. « Moi ou rien », disiez-vous à la nation, et celle-ci effrayée de l'anarchie dans laquelle pouvait la jeter un vote négatif, vous donnait aussitôt le blanc-seing que vous sollicitiez.

Certes, si aujourd'hui M. Thiers s'amusait à vous faire le même tour de passe passe, il vous serait difficile de taire votre indignation et votre colère. Et cependant qu'auriez-vous à dire? Ne serait-ce point vos errements qu'il suivrait?

Il ne s'agit ici que de bonne foi. Si le gouvernement républicain, que nous possédons, posait au peuple français la question de savoir s'il entend conserver un régime né de la nécessité plus encore que de l'émeute, sans lui offrir en même temps les moyens de choisir entre toutes les dynasties qui revendiquent la couronne de France, accepteriez-vous un pareil plébiscite? Non, évidemment. Or, avez-vous fait autre chose en 51, en 52 et en 1870.

Mais vous reconnaissez votre erreur, vous avouez même que dès son avènement, l'Empire était destiné à tomber, parce que son origine avait été marquée d'une tache ineffaçable : le 2 décembre.

Il n'en sera plus ainsi, dites-vous. Nous nous convertissons à la justice et du jour où nous en avons besoin, nous le réclamons. Désormais, il faut que l'honnêteté politique, que nous n'avons jamais respectée; que la loyauté, si longtemps méconnue sous notre règne, deviennent enfin la loi commune.

On fera mieux, soit. Nous vous croyons. Bien plus, nous admettons que vous ne soyez pas solidaires des fautes qui ont été commises par vos amis, mais comment s'y prendre pour rédiger ce plébiscite, attendu dans votre camp comme le messie?

Vous voulez de l'honnêteté; mais pour y satisfaire, il faut

inscrire en tête de cet appel au peuple, les noms de MM. Thiers, Gambetta, du duc d'Aumale, aussi bien que ceux de Bourbon et de Napoléon. Il faut que l'arène s'ouvre pour tout le monde. C'est à un véritable scrutin de liste qu'il faudra recourir. Les candidats vont se multiplier. Poussons à bout les conséquences; ne devra-t-on pas règler les questions de capacité et d'éligibilité? Les candidats seront-ils tenus d'être possesseurs d'une propriété foncière? M. Gagne lui-même ne va-t-il pas se présenter.

Tout ceci est ridicule, c'est possible; mais n'est-ce point logique?

Ce n'est rien encore. Vous proclamez bien haut votre respect de la volonté nationale, vous voulez faire de ce principe la pierre angulaire sur laquelle sera bâtie la société. Le suffrage universel, le droit plébiscitaire, voilà votre foi.

Or, si demain cette volonté nationale, qui vous aura confié le pouvoir, vient tout à coup à changer d'avis, que ferez-vous? Un nouveau plébiscite? Mais alors c'est le désordre à l'état d'institution que vous nous prêchez pour nous relever.

Qui donc vous avertira du changement survenu dans l'esprit populaire? Ne serez-vous pas tenus de convoquer à époques fixes, tous les ans, tous les dix ans, tous les vingt ans, le peuple dans ses comices et qu'est-ce que c'est que cela, si non la République déguisée, la République honteuse, la République sans loyauté, sans stabilité.

Quand on ne recule point devant les conséquences les plus extrêmes de l'appel au peuple, on ne peut, sans tomber dans une singulière erreur, admettre un seul instant qu'il y ait là un principe. C'est un expédient qui a pu quelques fois délier une situation délicate; mais sur lequel on ne peut rien fonder. Ce n'est pas, ce ne peut être une institution.

Dire à la nation, en faisant sonner bien haut ce grand mot *plébiscite,* que vous lui apportez pour tenir la place du droit divin, un principe nouveau, c'est la tromper.

Le véritable principe qui doit régir les peuples modernes, c'est en effet celui de la souveraineté nationale; seulement la souveraineté nationale ne peut se manifester librement que dans la République. Un plébiscite n'est qu'un escamotage plus ou moins habilement fait.

Oui, vous trompez le pays en disant qu'en présence du passé représenté par le droit divin, vous apportez un principe nouveau, qui doit remplir le trou creusé par l'absence de toute idée dominante chez les hommes qui nous gouvernent; et vous le trompez plus encore, quand vous affirmez que ce principe, auquel vous et les vôtres vous vous rattachez, c'est le respect de la souveraineté nationale. Aveugle, qui ne voit pas combien est mensonger votre respect pour les volontés du peuple français!

Pour nous, malheureusement, nous savons ce que cachent les mots et nous nous défions fort de votre amour, aujourd'hui si bruyant pour les droits de la nation. Vous soutenez, mordicus, que la nation entière consultée a seule qualité pour choisir ses destinées, pour se gouverner, et le premier acte auquel vous le conviez, c'est de se lier. En effet, qu'il y ait un plébiscite qui demain nous ramène M. le duc d'Aumale, ou son neveu le comte de Paris, ou le comte de Chambord, ou Napoléon III, mais à moins de faire des révolutions qui tous les dix ans viennent bouleverser la France, une véritable institution, voilà un plébiscite qui aura eu la puissance d'enchaîner les générations à venir, qu'ils ne l'auront pas sollicité; et alors, que deviendra la souveraineté nationale, le droit du suffrage universel? Nous, en 1871, nos pères, en 1852, l'auront exercé, mais nos fils, en 1900, l'exerceront-ils? La royauté de droit divin n'a pas commencé autrement, elle a trouvé naissance dans les vieilles assemblées des Francs. Je comprends à merveille que le mot plébiscite flatte agréablement l'oreille des gens qui n'aiment point la réflexion; cependant, quelque soit le respect que nous professons pour le suffrage universel, dont les conquêtes doivent être chaque jour plus considérables et qui s'imposera de plus en plus à la nation, il ne doit pas nous égarer au point de le confondre avec le dogme de la souveraineté nationale. Le suffrage universel n'est que le moyen, l'instrument pour ainsi dire de ce grand principe; c'est un des rouages nécessaires au fonctionnement de la démocratie, mais ce n'est pas l'expression même de la démocratie.

Or, ce n'est ni dans un rouage, ni dans un moyen d'action, que peut être renfermé un principe, mais dans une institution qui est la *République*. C'est elle qui est bien vraiment l'expression de cette idée toute moderne : la puissance et le droit populaire. Le suffrage universel n'est qu'une des conséquences de la République; il ne saurait pas lui-même lui donner l'être et tandis que la République peut donner satisfaction à la minorité aussi bien qu'à la majorité, il est au contraire de l'essence du régime plébiscitaire de ne satisfaire l'un qu'au détriment de l'autre, de créer deux partis, l'un dictant des lois, l'autre obéissant à des décrets qu'il n'a point contresignés. C'est le droit du plus grand nombre, c'est-à-dire du plus fort dans ce qu'il a de plus injuste et de plus odieux.

Dire qu'aujourd'hui l'appel au peuple est la cheville ouvrière, la pierre sur laquelle la société doit reposer, c'est commettre la même erreur que si vous enseigniez qu'autrefois les Etats généraux étaient le principe qui faisait vivre la société française. Non, son principe c'était l'autorité du roi, la royauté de droit divin et les Etats généraux n'étaient que des institutions dépendantes du principe.

De même, au XIXe siècle, c'est la République, c'est-à-dire le gouvernement de tous par tous, la souveraineté nationale, qui est le principe et le suffrage universel n'est que le moyen d'aider au fonctionnement de cette grande institution la *République*. Le suffrage universel est l'instrument, mais l'idée qu'il faut opposer à celle qui animait la vieille société française, c'est l'idée républicaine, la seule qui porte en elle-même, comme autant de corollaires, le respect des droits de tous, la liberté des opinions, l'indépendance des générations à venir, que l'appel au peuple aurait le privilége d'enchaîner. En mettant le gouvernement républicain à la merci d'un plébiscite, la liberté d'option que je possède aujourd'hui, le droit que je vais exercer, je le perdrais, puisque de par la vertu de ce plébiscite, une monarchie pourrait me lier pour toujours. Nous, Républicains, en considérant la République comme absolue, nous reconnaissons au peuple le droit de varier, de changer les hommes. Nous nous soumettons à la souveraineté nationale, et loin de mépriser le suffrage universel, nous en faisons le compagnon inséparable de la République. Pour vous, la République pourrait être la conséquence de l'exercice du suffrage universel, pour nous, le suffrage uuiversel est la conséquence de l'existence de la République.

IV.

Je ne tiens point à esquisser ici l'éloge de la république, encore moins à analyser les différents gouvernements que l'on voudrait imposer à la France.

Ma thèse est toute autre. Ce que jusqu'ici j'ai cherché à établir le plus nettement possible, c'est que le principe républicain doit, dès aujourd'hui, prendre la place de la monarchie morte en 1792, qu'il faut à tous prix reconstruire et qu'on ne le peut faire solidement qu'en prenant la République pour base; qu'enfin les esprits sérieux, convaincus, ne doivent pas permettre que cette base de la société future puisse jamais être battue en brèche.

Il faut que les Républicains sincères se rangent résolument autour de leur drapeau, comme pendant une période de dix siècles nos pères se sont groupés autour du roi. Sous la vieille monarchie, on attaquait, on vilipendait, on assassinait quelquefois les grands, les ministres, les favoris du roi, mais sa personne était sacrée, on ne la discutait pas.

Eh bien ! notre République aussi doit être inviolable.

Ce que je dis ici sans ambages, tous ou presque tous les Républicains le pensent ; peu osent l'avouer et c'est leur faiblesse. Ils ne sentent pas qu'en faisant des concessions, en cédant sur le terrain du droit, ils perdent de leur force. Ils se privent d'un auxiliaire invincible : la logique. Si nous avons la foi républicaine, nous ne devons pas craindre de crier hautement à nos adversaires : Nous sommes et demeurerons, quoi que vous tentiez, Républicains, parce que la République est pour nous l'image la plus parfaite de toutes les conquêtes modernes, parce qu'elle est comme la clef de voûte de l'édifice que nous voulons construire, parce qu'elle seule résume toutes les découvertes, tous les progrès de la civilisation, parce qu'elle est le gouvernement de la raison, c'est-à-dire du droit.

La théorie des compromis, nous l'espérons du moins, a fait son temps. Dorénavant, pour résoudre un problème social, il faudra sortir du cercle étroit des passions et des préjugés, élever son esprit jusqu'au monde que Malebranche appelait intelligible, c'est-à-dire le monde de la vérité et de la raison, et se soumettre sans murmurer à ses arrêts.

V.

Après des travaux sans nombre, après mille efforts gigantesques de l'esprit humain, la politique est devenue une science. Nous savons aujourd'hui que ce n'est pas la fatalité, encore moins la volonté d'un homme qui peut tracer les limites dans lesquelles elle se meut. Nous savons qu'elle obéit à des lois certaines, qui ne peuvent, comme se l'imagine le vulgaire, varier au jour le jour, et si le plus souvent des résultats foudroyants viennent bouleverser nos combinaisons, changer nos prévisions, troubler nos jugements, il faudrait néanmoins se garder de croire que les règles qui régissent cette matière soient incertaines, variables et soumises au caprice de l'homme.

Non, elles sont aussi absolues que les lois naturelles, aussi immuables que les phénomènes scientifiques. Ce qui seulement est vrai, c'est que nous sommes encore fort ignorants, que nos progrès ont été jusqu'ici des plus lents, que les hommes appelés à diriger les affaires du pays, comptant sur les seules lumières de leur esprit, ne se donnent même pas la peine de méditer, de scruter, d'étudier les lois qui président aux destinées des sociétés humaines et que le plus souvent nous sommes réduits, par suite de notre insuffisance intellectuelle, à constater les effets sans pouvoir remonter aux causes.

Il y a là une science toute nouvelle, définie avec autant d'audace que de clarté par l'école positiviste, qui sur beaucoup de points a pu errer jusqu'à l'absurde, mais qui, et c'est là sa gloire, a su découvrir et formuler des vérités éternelles, et le temps n'est pas éloigné où ces vérités cesseront d'être le patrimoine d'un petit nombre de philosophes, pour devenir celui de tous les hommes et de tous les peuples.

Nous savons maintenant que pour capricieuse que paraisse l'histoire, elle a cependant sa marche, son évolution, sa loi, et depuis le jour où M. A. Comte a fait cette admirable découverte, nous sommes obligés d'admettre que les peuples sont soumis à des lois contre lesquelles ils sont manifestement impuissants. Les lois qu'une étude attentive de l'histoire nous révèle sont fatales, elles nous étreignent. Il faut leur obéir comme on obéit aux lois naturelles, s'y soumettre comme on se soumet aux lois de la mathématique, de la physique ou de la chimie; seulement, de même qu'une fois en connaissance des lois naturelles, l'homme a su en tirer des conséquences, les pénétrer, souvent les modifier par de savantes combinaisons, ou par d'habiles rapprochements et par ce moyen en tirer grand profit; de même, au fur et à mesure que nous avancerons dans la connaissance des lois sociales, nous apprendrons à faire taire nos caprices, nous ne craindrons plus de nous plier sous leur joug puissant, et conformant notre conduite à leurs décrets, nous les ferons servir à notre bonheur.

Bientôt même ces lois que nous cherchons à nier et dont nous ne voulons pas reconnaître l'empire, parce que nous les ignorons, il nous faudra les bénir, parce que de leur découverte naîtront et l'ordre dans les esprits et la tranquillité chez les peuples.

Voilà ce dont il est nécessaire que chacun se pénètre. Jusqu'à ce jour, nos travaux ont été à peu près nuls, tout au plus propres à détruire. Nous n'avions pas la formule avec l'aide de laquelle on peut avancer sûrement. Nous la possédons enfin, il faut savoir en profiter.

C'est parce que longtemps nous avons cru que les choses politiques étaient livrées soit au hasard, soit à la volonté des hommes providentiels, que nous avons bâti sur le sable et que l'émeute, le désordre est devenu comme l'état normal des sociétés modernes. Mais une fois pénétrés de ce principe, que la politique est une science parfaitement indépendante de la volonté humaine, l'ère des révolutions est définitivement fermée, parce qu'avant de prendre une décision, nos législateurs seronts contraints de rechercher la loi exacte à laquelle nous devons nous soumettre, loi que la méthode scientifique leur aura dévoilée. Ce n'est certes pas là l'œuvre d'un jour, et comme le progrès est indéfini, on peut admettre que la nation entreprendra une tache indéfinie. Et quel autre régime se prêtera mieux que la République à ces travaux de l'esprit?

Forcément, tout gouvernement dont le définitif sera le caractère, doit disparaître au milieu de ce travail. C'est ainsi que depuis le jour où la révolution nous a jetés hors de la voie suivie par la nation française jusqu'en 1789, nous avons vainement essayé de nous fixer en faisant des constitutions éphémères, parce qu'elles étaient définitives. A quoi ont-elles abouti depuis celle de M. Sieyès jusqu'à celles de Louis Bonaparte. Le jour qui les avait vues naître disparaissait à peine, qu'elles s'éteignaient.

« Dans le mouvement rapide qui nous entraîne vers la clôture finale de la Révolution, dit M. Littré, il n'y a qu'un gouvernement approprié à la marche des choses qui puisse éviter les violents soubresauts dont tous les autres nous ont rendus victimes. » Or, tout gouvernement dont le caractère sera d'être dynastique, sera forcément définitif, par conséquent il sera par lui-même un obstacle à tous les progrès; qu'il soit basé sur la volonté nationale, cela ne l'empêchera pas d'être la négation même de la souveraineté du peuple, puisque nécessairement il sera définitif et que tout gouvernement définitif dans l'état actuel des sociétés, est une entrave mise à la loi du changement qui est la première que l'histoire nous découvre.

Que l'école révolutionnaire, qui, toujours, a manqué de méthode et qui, souvent, s'est laissée prendre au mot, ne fasse donc pas, cette fois, de concession. Qu'elle cesse de voir uniquement dans la République, le gouvernement de la liberté, de l'indépendance, de la dignité et autres phraséologies, pour n'y voir que le gouvernement de la nécessité, c'est-à-dire, un régime contre lequel la souveraineté nationale qui, elle aussi, est obligée de s'incliner devant la raison et la vérité, ne peut rien.

La République est, de tous les systèmes, celui qui s'associe le plus étroitement avec les progrès de la raison humaine, parcequ'elle n'est pas seulement une institution, mais bien le cadre qui les renferme toutes, et que celles-ci peuvent changer sans que le cadre soit brisé.

VI.

Que le parti républicain ne se fase pas d'illusions. Lorsque M. Clément Duvernois et ses amis viennent parler de plébiscite, de volonté nationale, ils le trompent, ils lui dressent un piége, une embûche. C'est à lui de l'éviter, de n'y pas tomber. Et pour cela, il faut qu'il demeure fidèle à son principe, la République absolue, qui seule a la vertu nécessaire pour garantir de toute atteinte la souveraineté du peuple.

Abandonner nos droits aux caprices du suffrage universel, ce serait reconnaître que ces droits sont discutables et que le peuple lui même peut y renoncer, non-seulement pour un jour, mais pour l'avenir. Ainsi seraient sacrifiées les générations qui nous doivent succéder, obligées à leur tour de rompre violemment le pacte que nous aurions conclus, sans leur aveu, avec une dynastie quelle qu'elle soit, et la révolution deviendrait plus que jamais une nécessité que nous voulons éviter à tout prix, parce que nous en connaissons les périls et les conséquences.

Ce n'est certes pas sans raison que tous les ennemis de la République ont abandonné la discussion, la comparaison de la République avec les autres gouvernements monarchiques, pour se réduire à soutenir une thèse avec laquelle ils espèrent nous égarer. Plébiscite est un mot qui doit, pensent-ils, séduire les instincts populaires, et devant lequel nous sommes obligés de nous incliner.

Ils en seront pour leurs frais et les Républicains ne se laisseront pas prendre à une hypocrisie aussi naïve. Quand on respecte la volonté nationale, on ne lui offre pas l'occasion de se donner un maître.

On nous demande de laisser le peuple décider si, oui ou non il accepte la République? Non pas; la République ne dépend pas de tel ou tel caprice de la foule. C'est le gouvernement de la nécessité, de la vérité, de la raison. La République est le seul principe qui puisse tenir la place du principe monarchique; et, pas plus que les protestants ne peuvent céder devant les catholiques ni même abdiquer en faveur de Genève, le principe républicain ne doit céder devant le principe monarchique.

Dorénavant, la République doit être pour ses partisans une foi, un dogme; et je ne sache pas que jamais des croyants aient soumis leurs dogmes à un plébiscite, quel qu'il soit.

Pour nous, Républicains, c'est le gouvernement de la raison, de la vérité, du progrès; donc il est indiscutable.

Et devant la vérité et la raison, la volonté nationale n'existe plus.

Si, comme nous le pensons, l'humanité est véritablement entrée dans la phase positiviste; si la politique a suivi la même voie que les autres sciences; si elle est devenue une science, il faudra que, bon gré mal gré, chacun s'incline devant les lois nouvellement découvertes de cette science, qui doit être comme le résumé de tous les progrès de l'esprit humain. En présence d'une loi reconnue, il ne peut plus être question de volonté nationale, de plébiscite; il doit y avoir un consentement de toutes les volontés humaines qui, au premier abord, peuvent se révolter, mais qui ne tardent pas à s'incliner.

Beaucoup ignorent les lois de la physique, de la chimie, et tous cependant reconnaissent leur empire. De même, les lois qui régissent la politique s'imposeront un jour ou l'autre à tous les hommes, de telle façon qu'il ne sera plus permis de les mettre en doute, car la raison finit toujours par dominer les esprits les plus rebelles. C'est ainsi que nous avons vu autrefois condamner Galilée, non-seulement par Rome, mais par la presque unanimité des croyants, qui aujourd'hui, sont obligés de se courber devant la loi que son génie a découverte.

Or, grâce aux travaux des philosophes modernes, une loi qui s'imposent à tous a été enfin trouvée dans l'ordre des choses politiques, c'est que les sociétés sont soumises au changement; que la monarchie, par sa stabilité même, est une cause de lutte et de désordre; que la République, au contraire, étant le seul cadre qui puisse contenir des institutions appelées à se transformer suivant la loi du changement qui est la loi propre des sociétés humaines est le seul gouvernement capable de garantir l'ordre, partant, le seul désormais possible; que c'est le vrai gouvernement du droit basé sur la raison et non sur la volonté de tel ou tel; en un mot, que c'est le gouvernement rationnel et scientifique. Et si, par impossible, demain le peuple entier nous venait dire : « Vous pouvez avoir raison, mais il ne me plaît pas de reconnaître la vérité que vous m'avez découverte! » devrions-nous faire amende honorable et avouer que nous nous sommes trompés? Non, certes, pas plus que si, demain, il plaisait au peuple de rétablir le culte de Jupiter, nous ne serions forcés d'entrer dans son temple.

Peut-être, contraints et forcés, pourrions-nous y mettre les pieds, mais soyez sûrs que le jour où la force nous reviendrait, nous mettrions à bas l'idole à laquelle nous ne croyons pas pour rétablir le culte du vrai Dieu.

VII.

En présence de la campagne si audacieusement entreprise par le clan bonapartiste; en présence des attaques sans cesse renouvelées des ennemis coalisés de la République, notre devoir est tout tracé, affirmer hautement et notre foi et notre droit absolu.

Plus d'hypocrisie, plus de protestations inutiles et mensongères de dévouement aux volontés nationales. Nous sommes en puissance de la vérité; nous devons assurer son triomphe. Si, vraiment, nous avons une conviction républicaine, nous ne devons, sous aucun prétextes, souffrir que le principe sur lequel nous voulons édifier la société nouvelle, soit mis en discussion.

La République est pour nous un patrimoine qui, longtemps, nous a été contesté, que la marche des évènements a remis entre nos mains, et pour la garde duquel nous devons faire tous nos efforts. Aucun sacrifice ne doit nous coûter. Tandis que les revenants de l'empire implorent de la chambre souveraine un plébiscite, nous, au contraire, nous devons exiger qu'elle reconnaisse la République. C'est la nécessité qui nous a imposé cette forme de gouvernement: or, cette nécessité dure encore et il ne dépend de personne de détruire un gouvernement qui est assis sur une base aussi solide que la nécessité.

La Chambre s'est déclarée Constituante et elle a eu tort, car elle mentait à son mandat, à sa mission, mais nous pouvons peser sur ses délibérations de telle sorte que sans tenir compte des réclamations des partis, elle reconnaisse, elle acclame la République. Elle n'a pas mission pour faire un choix; soit : mais elle peut s'incliner devant ce qui est et surtout devant ce qui doit être; la vérité s'impose et nul, à moins de folie, ne peut lui refuser son adhésion. Ce sera une sorte de coup d'état moral. Et pourquoi pas? Dans le monde de la science il n'y a pas de liberté parcequ'il n'y a pas deux manières de reconnaître la vérité.

Finissons en une bonne fois.

Deux principes sont en présence, entre lesquels il n'y a place ni pour un plébiscite, ni pour un empereur élu dont l'élection serait la mort de la souveraineté nationale.

C'est le passé et l'avenir.

La monarchie de droit divin et la République de droit rationnel.

En dehors de ces deux principes il n'y a et ne peut y avoir que des termes moyens, des expédients qui n'assureront point l'avenir. La pyramide demeurera longtemps encore en équilibre sur son sommet et elle sera toujours menacée de tomber d'un côté ou de l'autre.

De ces deux principes, l'un repose sur la religion, l'autre sur la foi politique; l'un représente les vieilles idées du monde théologique, l'autre les idées nouvelles du monde positiviste.

Peut-il, entre ces deux partis, être question de concession? Je ne le crois pas.

C'est la guerre; il doit y avoir des vainqueurs et des vaincus, mais pour décider entre les deux, je ne connais point d'arbitre. Nous, Républicains, nous ne pouvons pas plus renier nos croyances que nous n'avons le droit de demander à M. de Belcastel d'abandonner les siennes.

L'avenir sera au plus fort; que la République fasse donc l'essai de sa force!

Quant à M. Clément Duvernois, quelle que soit son habileté, il lui sera difficile de se glisser entre le droit divin et la République. Les Bonapartistes ont usé et abusé du suffrage universel à ce point qu'aujourd'hui ils ne peuvent faire illusion au peuple.

Le peuple sait que penser de ce respect pour la volonté nationale, qui consisterait à lier toutes les générations à venir. Si le rédacteur en chef de l'*Ordre* voulait respecter la logique, il faudrait qu'il nous promît, au nom de son maître, un plébiscite tous les dix ans au moins, plébiscite auquel tous seraient appelés à concourir, mais c'est là une offre qu'on ne nous fera certainement pas.

Tout au plus pourra-t-on nous promettre que des plébiscites successifs nous seront octroyés, suivant l'opportunité et les besoins du moment, mais comme sans contredit, Louis Bonaparte demeurerait seul juge de l'opportunité, nous pouvons, nous, qui à notre tour sommes au pouvoir, répondre : « C'est à nous qu'il appartient maintenant de juger la situation; nous refusons de satisfaire à vos exigences; nous repoussons le moyen que vous nous offrez comme attentatoire aux droits des générations qui nous succèderont. »

En tous cas, pour tous ceux qui pensent comme nous, qui croient à la République de droit rationnel, la question est fort simple, elle peut se résumer ainsi : faites ou ne faites pas de plébiscite, nous resterons Républicains parce que la République est pour nous une question de nécessité.

Que si demain un plébiscite, que nous redoutons moins que cet écrit ne pourrait le faire supposer, rayait des faits accomplis, la République, loin de courber la tête sous l'arrêt de la volonté nationale, nous protesterions et nous serions libres, au nom de nos principes, de chercher à refaire ce qu'aurait défait le suffrage universel. Vous, au contraire, à moins d'un indigne mensonge, vous êtes tenus de reconnaître le gouvernement qui naîtra d'un plébiscite. Une fois ce verdict rendu, votre opposition passerait pour de la conspiration.

Si nous repoussons le système plébiscitaire, ce n'est point que nous le redoutions ; les derniers succès remportés par le principe républicain sont faits pour nous donner grand courage; mais c'est que nous sommes des croyants, que nous avons la foi, et la foi, vous ne l'ignorez pas, ne se discute point. La lutte, nous sommes prêts à l'accepter, mais un arbitre, fut-ce le peuple tout entier, jamais.

Nous n'en voulons pas.

Ce qui, pour nous, est une vérité aujourd'hui, le sera encore demain; à quoi bon alors mettre tout le corps électoral en mouvement? Que ceux qui croient que les peuples peuvent vivre au jour le jour, sans s'arrêter à un principe, à une croyance, sans donner à l'Etat une force d'autant plus grande qu'elle ne repose ni sur les bayonnettes, ni sur le canon, mais sur une idée aussi puissante que féconde, acceptent la théorie des Bonapartistes, ils sauront un jour où les mènera dans cette triste voie, la logique.

Quand à ceux qui estiment que la première chose à faire pour sauver la France agonissante, c'est de lui rendre ce qui avait été sa vie jusqu'ici : une foi politique, un principe solide auquel elle puisse se rattacher en toute sécurité et qui soit pour elle, au milieu des ténèbres dans lesquelles les tristes évènements du siècle l'ont plongée, un phare lumineux; qu'ils n'hésitent pas, que bravement ils déployent leur drapeau, et Légitimistes et Républicains, qu'ils disent nettement ce qu'ils sont et ce qu'ils veulent.

Les partisans du droit divin ne sauraient accueillir avec faveur l'idée d'un appel au peuple pour faire reconnaître leur droit.

Nous, Républicains, nous devons le repousser avec non moins d'énergie. Deux et deux font quatre, que cela plaise ou ne plaise pas à la majorité, de même la République est le gouvernement de la raison, c'est le régime nécessaire au XIXe siècle, et peu importe que le pays le reconnaisse, c'est la vérité, c'est le droit.

Vive la République rationnelle !

www.ingramcontent.com/pod-product-compliance
Ingram Content Group UK Ltd.
Pitfield, Milton Keynes, MK11 3LW, UK
UKHW021041220726
13924UKWH00001B/456